Im Straßenverkehr
Trafik Kuralları

Irene Brischnik

Edition bi:libri

Heute wird Paul von seiner Mama in die Schule gebracht. Schon am Morgen sind viele Autos, Motorräder, Radfahrer und Fußgänger unterwegs. Paul drückt seinen Teddybären fest an sich, damit ihm nichts passieren kann.
Vor dem Eingang zur Schule ist ein Zebrastreifen. Paul und seine Mama bleiben an der Bordsteinkante stehen und warten, bis der Verkehrshelfer die Autos angehalten hat. Nun kommen sie sicher in die Schule.

der Zebrastreifen
yaya geçidi

der Verkehrshelfer
trafik görevlisi

das Auto
araba

Bugün Paul'ü okula annesi getiriyor. Sabah erken olmasına rağmen yollar araba, motosiklet, bisikletli ve yayalarla dolu. Paul sıkıca ayıcığına sarılıyor ki ona bir şey olmasın.

Okulun önünde bir yaya geçidi var. Paul ve annesi kaldırımın kenarında durdu ve trafik görevlisi taşıtları durdurana kadar bekledi. Şimdi güvenli bir şekilde okula ulaşabilirler.

das Motorrad

motosiklet

das Fahrrad

bisiklet

der Fußgänger

yaya

Pauls Freundin Frida ist ganz aufgeregt, denn heute unternehmen sie mit der Polizistin Fatma einen Ausflug! Zuerst erklärt Fatma den Kindern, wie man sicher eine Straße überquert. Auch Paul freut sich darauf, denn er möchte schon bald alleine zum Spielplatz gehen können.

„Sucht eine Fußgängerampel oder einen Zebrastreifen“, sagt sie. „Bleibt an der Bordsteinkante stehen und achtet auf die Ampel. Rot bedeutet stehen, Grün gehen. Blickt immer zuerst nach links und rechts, ob ein Auto kommt.“

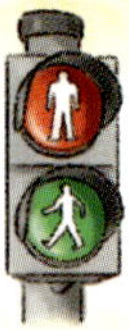

die Fußgängerampel

yaya ışıkları

der Fußgängerüberweg

yaya geçiş şeridi

die Bordsteinkante

kaldırım kenarı

Paul'ün arkadaşı Frida çok heyecanlı, çünkü bugün hep beraber polis memuru Fatma ile bir geziye gidiyorlar. Fatma önce çocuklara karşıdan karşıya güvenli bir şekilde nasıl geçileceğini anlatıyor. Paul de bundan memnun, çünkü o da çocuk parkına tek başına yürüyerek gidebilmek istiyor.

"Yakınınızda trafik ışıkları ya da bir yaya geçidi arayın" diyor Fatma. "Kaldırım kenarında durun, ışıklara bakın. Kırmızı dur ve bekle demek, yeşil yanınca geçebilirsiniz. Ama araba geliyor mu diye önce sola, sonra sağa bakın."

rot

kırmızı

grün

yeşil

die Polizistin

polis memuru

Als Nächstes erklärt Fatma das Verhalten auf Gehwegen. „Kinder unter acht Jahren dürfen mit dem Rad noch nicht auf der Straße fahren. Ist kein Radweg da, müssen sie den Gehweg benutzen. Auch mit Rollerblades, Roller und Skateboard darf man nicht auf der Straße fahren."

Sonra polis memuru Fatma kaldırımda davranış kurallarını anlatıyor. "Sekiz yaşından küçük çocuklar cadde ve sokaklarda bisiklet süremezler. Ayrı bir bisiklet yolu yoksa, kaldırımı kullanmaları gerekir. Ve kimse sokak ve caddede paten kayamaz, scooter'a ve kaykaya binemez."

der Gehweg

kaldırım

der Radweg

bisiklet yolu

die Klingel

zil

Paul hört aufmerksam zu. Da rauscht plötzlich ein älterer Junge auf Rollerblades an ihm vorbei und streift ihn am Arm. „He!“, ärgert er sich. „Du hast recht“, sagt Fatma, „auf dem Gehweg muss man immer Rücksicht auf die Fußgänger nehmen, vorher klingeln oder ausweichen.“

Paul dikkatle dinliyordu. O sırada patenli daha büyük bir çocuk yanından hızla geçip koluna çarptı. “Hey!” dedi Paul sinirlenerek. “Haklısın” dedi Fatma, “kaldırımda her zaman yayalar önceliklidir. Zil çalarak yayalar uyarılmalı ve çok yakınlarından geçilmemeli.”

der Roller

scooter

die Rollerblades (pl.)

patenler

das Skateboard

kaykay

„Nun fahren wir gemeinsam in den Park“, sagt Fatma und geleitet die Kinder zu einer Straßenbahnhaltestelle. Die Polizistin erklärt Paul und den anderen, dass Herumtoben an der Haltestelle gefährlich ist. Am besten wartet man im Haltestellenhäuschen.

“Şimdi hep birlikte parka gidiyoruz” dedi Fatma ve çocukları tramvay durağına götürdü. Polis memuru, Paul ve diğer çocuklara durakta oynamanın tehlikeli olduğunu söyledi. En iyisi durak korunağında beklemek.

das Haltestellenhäuschen

durak korunağı

die Straßenbahnhaltestelle

tramvay durağı

die Straßenbahn

tramvay

In der Straßenbahn ist es sicherer zu sitzen oder sich an einem Haltegriff festzuhalten. „Hier steigen wir aus", sagt Fatma und drückt den Halteknopf.

Tramvayda oturarak gitmek veya bir kola tutunmak daha emniyetli. "Burada iniyoruz" dedi Fatma ve dur düğmesine bastı.

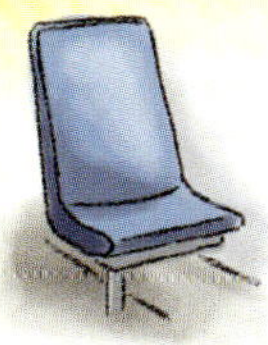

der Sitzplatz

koltuk

der Haltegriff

kol

der Halteknopf

dur düğmesi

Vor dem Park ist gerade eine Baustelle. „Das ist laut!“, stöhnt Paul. Fatma deutet auf ein Schild und sagt den Kindern: „Dieses Schild bedeutet ‚Achtung, Baustelle!‘. Da dürft ihr nie hingehen, denn das ist gefährlich!“

Parkın tam önünde bir inşaat var. “Bu ne gürültü!” diye sızlandı Paul. Fatma bir tabelayı işaret ederek çocukları uyardı: “Bu tabela ‘Dikkat, inşaat alanı!’ demek. İnşaata asla girmemelisiniz çünkü bu çok tehlikeli.”

die Baustelle

inşaat alanı

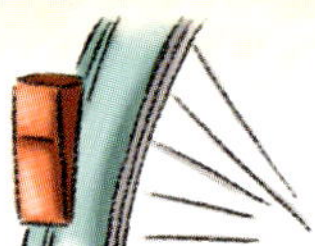

das Rücklicht

arka lambası

der Fahrradübungsplatz

bisiklet alıştırma parkuru

Im Park kommen sie zu einem Fahrradübungsplatz. Hier üben die älteren Kinder für ihre Fahrradprüfung. „Beim Fahrradfahren ist ein Helm besonders wichtig“, sagt Fatma. „Außerdem muss ein Fahrrad Reflektoren haben, einen Scheinwerfer, ein Rücklicht, eine Klingel und gute Bremsen.“

Parkta bir bisiklet alıştırma parkuruna geldiler. Burada daha büyük çocuklar bisiklet sınavı için deneme sürüşü yapıyordu. “Bisiklete binerken kask takmak çok önemli” dedi Fatma. “Ayrıca, bisikletinizin kedigözleri, bir farı, bir arka lambası, bir zili ve iyi frenleri olmak zorunda.”

der Fahrradhelm

bisiklet kaskı

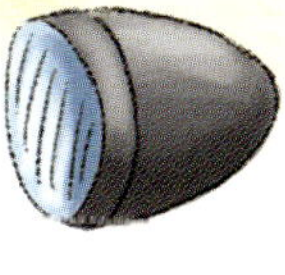

der Scheinwerfer

far

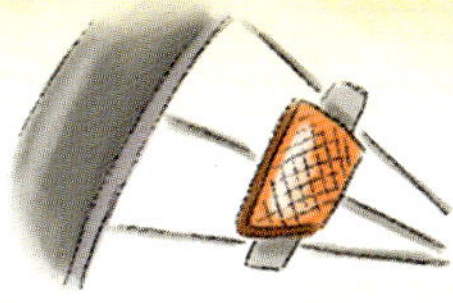

der Reflektor

kedigözü

Paul wird von seinem Papa mit dem Auto abgeholt. „Na, was habt ihr heute gelernt?“, fragt Papa. „Ich kann jetzt schon bald alleine mit Teddy zum Spielplatz gehen!“, sagt Paul stolz und klettert in seinen Kindersitz. Papa schmunzelt und schnallt seinen Jungen mit dem Sicherheitsgurt an.

Freudig winkt Paul Frida zu, die heute von ihrer Oma abgeholt wird. Die beiden fahren mit dem Bus nach Hause. „Man darf nie knapp vor oder hinter dem Bus über die Straße gehen“, erklärt Paul und freut sich, dass Frida alles richtig macht.

der Kindersitz

çocuk koltuğu

der Sicherheitsgurt

emniyet kemeri

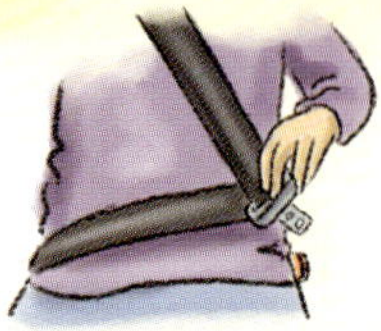

anschnallen

emniyet kemerini takmak

Babası Paul'ü almaya arabayla gelmiş. "Ee, bugün neler öğrendiniz?" diye sordu. "Yakında ayıcıkla tek başıma çocuk parkına gidebileceğim" dedi Paul gururla ve çocuk koltuğuna tırmandı. Babası gülümsedi ve emniyet kemerini takması için Paul'e yardım etti.

Paul neşeyle arkadaşı Frida'ya el salladı; onu bugün anneannesi okuldan alıyor. Otobüsle eve gidiyorlar. "Otobüsün hemen önünden veya arkasından karşıdan karşıya geçilmez" dedi Paul ve Frida'nın her şeyi kurallara uygun yaptığını görerek sevindi.

die Bushaltestelle

otobüs durağı

der Bus

otobüs

der Schulbus

okul servisi

Als Paul seiner Mama von dem tollen Tag erzählt, bemerkt er, dass sein Teddy nicht mehr in seiner Schultasche ist. „Ich muss ihn verloren haben“, weint Paul.

Mit Mama und Papa geht er den Teddybären suchen. Es ist schon dunkel, deshalb brauchen sie eine Taschenlampe. Bald sehen sie etwas aufblitzen. „Da ist er!“, freut sich Paul. „Wie gut, dass Teddy Lichtreflektoren trägt“, lacht Mama. „So sieht man ihn auch im Dunklen gut.“

die Taschenlampe

elfeneri

das Licht

ışık

die Lichtreflektoren (pl.)

kedigözleri

Paul annesine geçirdiği harika günü anlatırken ayıcığının okul çantasında olmadığını fark etti. “Onu galiba kaybettim” diye ağlamaya başladı.

Anne ve babası onunla ayıcığı aramaya gitti. Hava kararmıştı bile, o yüzden bir elfenerine ihtiyaçları var. Biraz sonra yerde bir şeyin ışıldadığını gördüler. “İşte orada!” dedi sevinçle Paul. “İyi ki ayıcığın üzerinde kedigözleri var” dedi annesi gülerek, “onu karanlıkta bile görebiliyoruz.”

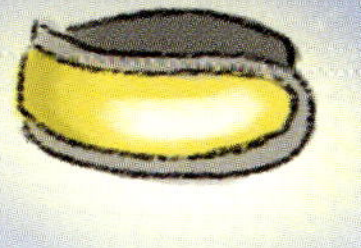

das Reflektorband

reflektör bant

der Teddybär

oyuncak ayı

Verkehrsschilder

Trafik İşaretleri

Stopp

Dur!

Verkehrshelfer

trafik görevlisi

Zebrastreifen

yaya geçidi

Achtung, Baustelle!

Dikkat,
inşaat alanı!

Fußgänger verboten

yaya giremez